Johann von Kling

Freundschaftliche Unterredung mit dem Landmanne

in den Kurfürstlich Pfälzischen Landen nebst einer Anleitung einen unauflöslichen Mauerspeis oder Mörtel zu machen

Johann von Kling

Freundschaftliche Unterredung mit dem Landmanne
in den Kurfürstlich Pfälzischen Landen nebst einer Anleitung einen unauflöslichen Mauerspeis oder Mörtel zu machen

ISBN/EAN: 9783743603899

Hergestellt in Europa, USA, Kanada, Australien, Japan

Cover: Foto ©ninafisch / pixelio.de

Weitere Bücher finden Sie auf **www.hansebooks.com**

Freundschaftliche Unterredung

mit

dem Landmanne

in den

Kurfürstlich Pfälzischen Landen.

Nebst

einer Anleitung einen unauflöslichen Mauerspeis oder Mörtel zu machen..

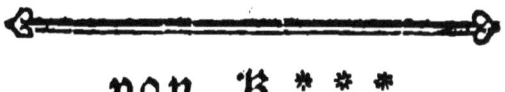

von K.***.

Mannheim,
gedruckt in der Kurfürstlichen Hofbuchdruckerei,
1779.

Oft sah ich dich, lieber Bauersmann! dein Feld im Schweiße deines Angesichts bebauen; oft wünschte ich dir den Segen des Himmels, den du doch täglich ohne meine Wünsche erhältst. Eben so oft überdachte ich deine Geschäfte mit Vergnügen, besonders da ich dich von Zeit zu Zeit sah, deine tägliche Arbeit durch Abänderungen deines Bauernwesens unter Singen und Frolocken glücklicher einrichten. Deine Urältern arbeiteten wie du, aber du erndest reichlicher ein als sie. Du hast nicht nur gearbeitet, du hast auch nachgedacht, hast auf verbesserungen gesonnen und solche gefunden, du hast Vorschriften gehört und solche ausgeführt, so bald du gemerket hast, daß sie nützlich waren, du hast aber auch schon schöne und treffliche Vorschriften verachtet und getadelt, weil du ihren Nuzen nicht erkanteſt.

Ja, lieber Bauersmann! dein Geſchäft iſt es, welches verdienet, daß du darüber nachdenkeſt, daß du veränderſt, verbeſſerſt wo gröſerer Nuzen zu hoffen iſt. Du beſizeſt durch deine Felder die wahre, reichſte und unerſchöpfliche Schazkammer, die immer ergiebiger wird; die uns alle Früchte darreicht, welche zu unſerm Lebensunterhalte, zu unſerm Vergnügen erfodert werden. Du muſt aber auch nicht ungelehrig ſein, nicht gleich das verwerfen, was man dir anrathet. Die von dir ſogenante Manſchettenbauern ſind dir ſchon mit ſo manchem ſchönen Verſuche vorgegangen, deſſen glücklicher Ausgang dich zur Nachahmung bewog, und die Federfechter, wie du ſie nenneſt haben ſchon ſo manchen Vorſchlag auf die Bahne gebracht, bei dem du dich endlich nach langem Verweigern wohl befandeſt.

Auch ich will mich einmal über verſchiedene Gegenſtände mit dir unterhalten, ich will

will verschiedene von deinen Arbeiten mir dir gemeinschaftlich betrachten, vielleicht entdecken und entwickeln wir einige Fehler, die du alsdann selbst dafür hältst, und dann wollen wir auf Mittel sinnen, wie solche zu verbessern sind. Glücket uns unser Unternehmen, so wirst du grösern Nuzen daraus ziehen können, und ich das Vergnügen empfinden, zu diesem Nuzen etwas beigetragen zu haben.

Deine Vorältern haben dir die Wissenschaft hinterlassen, vermöge welcher du dahin keine Spelz säest, wo der Waizen gut geräth, daß du da noch schönen Haber ziehen kanst, wo der Acker zur Gerste zu mager und zu rauh ist. Ueberhaupt du kennest die Gemarkung in der du begütert bist, und ordnest deine Felder und Besamung so, wie es der Natur des Erdreichs gemäs ist. Diese Wissenschaft ist gut, sie ist auch nothwendig, weil schier keine Gemarkung ist, worin man nicht verschiedenes Erdreich antrift, und eine Frucht gedeiet besser im leimigten, andere im lettigten andere im sandigten Boden.

Das ist aber nicht alles, was dir deine Vorältern zurück gelassen haben. Von ihnen hast du auch gelernt deine Felder in drei Fluren abtheilen. In den einen säest du Winterfrucht, in den andern Sommerfrucht und Gemüs und der dritte wird den Sommer hindurch zur künftigen Sat vorbereitet, oder nach der gewöhnlichen Redensart, er wird brach gebauet und liegt also einen Sommer müsig. Fragt man dich um die Ursache dieses Brachbauens, so weist du verschiedene derselben anzugeben. Nämlich 1) das Feld muß ausruhen, es wird dadurch zur Fruchtbarkeit geschickter. 2) Auf diese Art wird das Unkraut von den Feldern vertilget und die Felder werden rein erhalten, 3) macht das Bauen über Sommer das Düngen weniger nothwendig; 4) trägt ein über Sommer gebautes Feld reinere, schwerere und mehrere Frucht als ein anderes.

Dem

Dem Scheine nach sind diese Ursachen gegründet, und deinem Vorgeben nach ist das Brachen nothwendig. Was würdest du aber sagen, wenn ich eben wider dieses Brach= bauen Einwendungen machen wolte? wenn ich zubehaupten trachtete, daß das Brachen überfliesig sei, daß man also aus den Feld= ern beinahe noch so viel Nahrung ziehen könte, als man mit Beibehaltung der Brache erndet? In der That kann ich mich nicht enthalten, mein Misvergnügen über die Brach= felder auszudrücken. Wer meine Gedanken die ich hierüber sagen werde, überleget, und dadurch zu keiner Abänderung verleitet wird, der fahre in Gottes Namen auf seine vorige Art fort oder thue was er will.

Solte es wohl die wahre Bestimmung des Schöpfers sein, daß man in zweien Jahr= en nur einmal auf ein und demselben Felde ernde? Hierüber wollen wir die Natur um Rathe fragen, und du selbst solst in ihrem Namen antworten. Was ist der Unterschied zwischen einem Garten und einem Ackerfelde?

Wer antwortet mir anders darauf, als daß der Grund oder die Erdart in beiden oft einerlei, überhaupt aber nicht wesentlich von einander unterschieden sei. Was ist der Unterschied in der Benuzungsart eines Gartenfeldes und eines Ackerfeldes? Antwort: der Garten wird alle Jahre und zwar meistens zweimal benuzet, das Ackerfeld aber gröstentheils nur in zweien Jahren einmal. Was ist die Ursache dieser so verschiedenen Benuzungsart? Antwort, der Garten wird fleißiger bearbeitet und gedunget als das Ackerfeld. Die leztere Frage und Antwort wird durch folgende noch deutlicher erörtert. Warum trift man in demselben Dorfe so verschiedene Gärten an, in dem einen wachsen die schönsten Gemüse und Gewächse, in dem andern bleiben sie schlecht? Antwort, ein Bauer oder eine Bauersfrau ist fleißiger und geschickter im Gartenbaue als ein anderer.

Wir wollen nun vom Garten abgehen. In jedem Dorfe ist das Feld in Fluren eingegetheilt, nebst diesen Fluren ist ein Theil Aecker, gemeinlich die, welche zu nächst am Dorfe liegen, zu Kraut, Bohnen, gelben Rüben und dergleichen Gemüse bestimt. Wer bauet nun diese Aecker brach? Wer läst sie einen Sommer müsig liegen? Niemand. Diese Felder werden alle Jahre benuzet, und bringen alle Jahre das, was man hineinpflanzet; sie werden aber auch besser gebauet und gedünget als Flurfelder.

Wird man mir jezt noch widersprechen, wenn ich behaupte, daß es nicht in der Natur des Feldes liege, dasselbe brach zu bauen, sondern daß in dem Mangel des Fleises und des Dunges die wahre Ursache enthalten sei?

Wer die Güte des Schöpfers etwas näher einsehen will, der betrachte die Bäume; bringen diese nicht alle Jahre ihre Blätter, Blüten und Früchte? Der betrachte den Weinstock und die Wiesen; bringen diese nicht alle Jahre ihre Trauben und ihr Häu? Freilich gerathen Obst und Wein nicht alle Jahre gleich stark, die Ursache hievon gründet sich aber

auf

auf Nebenumstände z. B. auf Frühjahrsfröste oder zu vielen Regen in der Blühezeit u. s. w. aber ähnliche Nebenumstände können auch verursachen, daß die Früchte auf den Brachfeldern misrathen. Wo der Schöpfer also selbst Säemann ist, da braucht nichts brach zu liegen. Das ist eine göttliche Lehre, der sollen wir folgen.

Warum ist es aber so vielen mislungen, welche die Brache verbannen wolten? Ehe ich hierauf antworte, wollen wir erst etwas anders untersuchen.

Du säest dein Korn in die Erde. Ein Körnchen treibt bei guten Jahren 3, 4 und mehrere Halmen, jeder bringt seine Aehre und in dieser wachsen 10, 20, 30 und mehrere Körner. Wie geht das nun zu, daß auf diese Art aus einem Körnchen 100, oder 60 oder 30 Körner werden? Nicht wahr, darüber hast du eben so wenig nachgedacht, als du nachgedacht hast, wie es zugehe, daß der Mensch durch die Speisen und den Trank die er zu sich nimt, in der Jugend wachse, und
im

im männlichen Alter bei Leben und Kräften erhalten werde? Ich wolte dir hier weitläufig erzählen, wie es mit dem Wachsen der Pflanzen zugehe, aber es nuzet dir nichts. Es ist dir genug wenn du weist, daß aus einem Körnchen ein Pflänzchen wird, daß dieses Pflänzchen Wurzeln bekömt, daß diese Wurzeln aus einer Menge kleiner oder enger Röhrchen bestehen, daß sie einen Saft aus der Erde saugen, daß dieser Saft in der Pflanze, vorzüglich in den Blättern noch besonders durch Beihilfe der Sonne und der Luft zubereitet werde, daß sich endlich ein Theil verdicke, mit der Pflanze verbinde und erhärte, der andere Theil verfliege, und daß dieser erhärtete Theil das Wachsen der Pflanzen befördere.

Was mag das wohl für ein Saft sein? Wird es reines Wasser sein, oder eine Mischung aus Erde und Wasser? Keines von beiden. Nimm Leimen oder Letten tief aus der Erde, so daß sie mit nichts anderm vermischet sind, stosse sie klein, begiese sie mit

rein=

reinem Waſſer, ſäe alsdann einen Samen hinein und er wird nicht wachſen. Aus dieſer reinen Erdart mit reinem Waſſer vermiſcht, wird kein Saft werden welcher der Pflanze zur Nahrung dienet. Fülle einen Hafen mit Gemüs, und gieſe Waſſer dazu; wird jezt eine ſchmackhafte und nahrhafte Speiſe für dich daraus werden? Nein; es wird erfodert, daß dieſem Gemüſe noch Salz, Schmalz, auch allenfalls Gewürz beigemiſchet, und daß es beim Feuer zum Kochen gebracht werde. Es wird ſich alsdann alles ſo miteinander vermiſchen und auflöſen, daß es dir wohl ſchmecket und dich nähret. Eine gleiche Beſchaffenheit hat es mit den Pflanzen. Die Erde iſt der Hafen. Salz, Oel und Waſſer ſind die Theile, die durch das Feuer der Sonne gekocht und geſchickt gemacht werden, die Pflanze zu nähren.

Wer ſtreuet aber Salz und wer gieſet Oel auf ſeine Aecker? Antwort, der welcher ſolche düngt. Dung und Dungmittel gibt es zwar vielerlei, die natürlichſten ſind aber

ver-

verfaulte Pflanzen und der Auswurf von den Thieren; und dieser Dung ist eine Mischung von Salz, Oel, Wasser und den feinsten Erdtheilchen.

Die Erde ist also nur der Hafen, in welchem die Nahrung der Pflanzen zubereitet und gar gemacht wird. Von sich selbst theilt sie sehr wenig oder gar nichts mit. Was sie mittheilen soll, muß man ihr erst geben oder sie muß es durch Beihilfe des Windes, Regens und Thaues, durch verfaulte Pflanzen u. d. gl. erhalten. Es ist aber mit dem Geben allein nicht genug, sie muß auch zu dem Kochen und Mittheilen geschickt gemacht werden. Sie muß aufgelockert und wohl mit dem gegebenen Dunge vermischt werden, dazu haben wir den Pflug. Sie muß moll und nicht schollig sein, damit sich die zarten Würzelchen der Pflanzen leicht ausbreiten können, dazu haben wir die Ege und die Walze. Sie muß vom Unkraute rein gehalten werden, weil solches sonst die meiste Nahrung hinweg sauget, ehe die Früchte gesäet werden.

Ein

Ein treffliches Mittel hiezu ist das öftere pflügen.

Ist das aber alles, und muß die Erde nicht auch alle zwei Jahre einen Sommer ruhen? Ich verweise dich, um diese Antwort zu holen, 1) zu deinem Garten oder deinem Krautacker, damit dich diese vom Gegentheile überzeugen. 2) Soll dich selbst das Unkraut das auf den Brachäckern wächst, die Brombeeren und Disteln überführen; denn du wirst doch zugeben, daß da wo eine Brombeere und eine Distel wächst auch eine andere Pflanze wachsen könne? 3) Aber werden dich deine Landesleute vom Gegentheile überführen. Frage einmal in der Gegend von Schwezingen, ob man da in den Tabacksäckern nicht die schönste Spelz zieht? Frage einmal das Westrich und den Hunsrück ob sie in ihren Kartoffeläckern nicht das schönste Korn ziehen, und du wirst von der Wahrheit überzeuget werden. Diese Felder tragen also in der Brachzeit Taback nnd Kartoffeln und ruhen nicht.

Aber

Aber bei uns ruhet die Erde wirklich im Winter, und das zwar weil es Winter ist. Hätte sie auch alle Nahrungstheile, welche die Pflanzen fodern, so fehlete ihr doch ein nothwendiges Stück, nämlich das Feuer. Die Sonne geht bei uns im Winter ganz tief, sie bleibt uns täglich nur eine kurze Zeit sichtbar, und in dieser Zeit kann sie das nicht erwärmen und durchdringen, was in den langen Nächten erkaltet oder gefroren ist. Man samle in einem Hafen ein Gemüs und alles Zugehör, man entziehe ihm aber das Feuer, und dieses Gemüs wird ohne das Feuer nicht kochen und keine Speise werden.

In einem Garten wachsen jährlich mehr als hunderterlei Pflanzen, alle haben verschiedene Gestalten, verschiedene Blätter, Blüten, Früchte und verschiedenen Geschmack. Salat, Kukumern, Rettig und rothe Rüben wachsen in einem Feldchen nebeneinander; sie saugen ihre Nahrung aus einerlei Erde: und wie verschieden sind nicht ihre Gestalten, ihr Geschmack und ihre Wirkungen? Solten en nicht vielleicht die Wurzeln eben so verschieden gestaltet sein wie die Blätter, und also die eine mehr salzige, die andere mehr öligte die andere mehr wässerigte Theile einsaugen, so wie an einem Baume die Raupe die Blätter frißt, die Biene aber den Honig aus seiner Blüte sauget? oder so wie in der Haushaltung der Salat Essig, der Kaffe aber Zucker haben muß, um eine Speise oder ein Trank zu werden?

Nichts scheinet gewisser zu sein als das. Die Laugzwiebel und der Kohl haben nicht einerlei Wurzeln, die rothe Rübe und der Mehrettig saugen nicht einerlei Nahrungstheilchen ein. Eine Pflanze geht mit ihrer Wurzel tief in die Erde, und findet da ihre Nahrung, die andere bleibt nahe an der Oberfläche. Die eine fodert viele Feuchtigkeiten, die andere wenig, die eine liebet die Sonne, die andere den Schatten. So wie bei den Thieren und den Pflanzen tausend Aehnlichkeiten sind, so ist auch hier eine. Da wo die Kuh keine Waide mehr findet nähret sich das
Schaf

Schaf noch. Das Pferd überläßt der Ziege den Wasserkerbel, und die Kuh verabscheuet die Feldranunkel, die das Schaf ergözet. Da, wo das Pferd mit gutem Häu gefütert worden ist, findet das Huhn seine Sättigung noch an dem ausgefallenen Häusamen; und in dem Acker, wo die Gerste nicht mehr gedeiet, spüret der Haber noch keinen Mangel.

So, lieber Bauersmann, so steht in der Natur alles in wechselseitiger Verbindung. Dächtest du hierüber ein wenig nach, ich bin versichert, du würdest noch manche glückliche Aenderung in deinem Bauernwesen unternehmen. Du wirst mich auch jezt nicht mehr fragen, warum sich viele so übel bei der Abschaffung ihrer Brachfelder befunden haben. Du wirst dir jezt selbsten antworten, daß sie theils deswegen gefehlet haben, weil sie in den Acker, in welchem Korn war, wieder Korn gesäet haben. Sie hätten eine andere Frucht hinein pflanzen sollen. Diese würde da noch Nahrung gefunden haben, wo keine mehr für das Korn war.

Das

Das war aber der einzige Fehler nicht, den solche begangen haben. Ein anderer eben so groser Fehler war, daß sie in den Acker Winterfrucht gesäet haben, in welchem Winterfrucht war. Niemand weis es besser als du, was das auf sich habe, wenn das Feld im Winter wohl ausfriere. Du und dein Vieh empfinden es, wie viel mehr Mühe es kostet, das Feld nach einem gelinden und nassen Winter in einen guten Bau zu bringen.

Man kann aber auch die gute Wirkung des Frostes bei dem Acker wieder meistens zu nichts machen, wenn man im Frühjahre zu lang mit dem Ackern säumet, und wartet bis das Feld wieder fest wird. Nun ist es schlimm genug für den Ackerbau, daß wir 1) unsere vornehmsten Früchte vor Winter säen müssen, daß diese Früchte 2) im Frühjahre gar bald den ganzen Boden bedecken und nicht nur nicht zu lassen, daß man die Felder frisch ackere, sondern auch so gar der Sonne und Luft den ungehinderten Zugang versagen. Das ist aber nun so. das beste, was man dabei

bei thun kann, ist, daß man den Acker in welchem dieses Jahr Winterfrucht war, das nächste Jahr mit Sommerfrüchten bepflanze.

Und was sind das für Sommerfrüchte? Es sind nicht blos Gerste und Haber. Kartoffeln, Taback, Hanf, Welschkorn, Dickwurzeln und solche Gewächse, die erst im Mai und Brachmonate gesäet und gesezet werden, sind besonders vorzüglich, weil das Feld bei solchen Pflanzen im Frühjahre noch genug gebauet werden kann. Ich wäre besonders den Sommerfrüchten gut, die nicht in den Acker gesäet, sondern erst gegen Johannestag in solchen versezet würden. Diese lassen den Acker auch nach dem Versezen bis in die Hälfte des Häumonats und noch länger meistens blos; dabei müssen sie aber auch gehäckelt und gehäufelt werden. Diese Beschäftigungen sind dem Felde nüzlicher, als einige mal Ackern, weil die Luft einen leichtern Zugang in das gehäufelte Feld hat; auch wird bei diesen Arbeiten das Unkraut am gewissesten vertilgen. Aber, wirst du sagen, diese Arbeiten sind zu mühsam und fodern zu viel Zeit. Das ist wahr; hast du aber mehr Güter als du besorgen kanst, so nimm die Brodlosen und Güterlosen, die in deinem eigenen Dorfe wohnen, zu Hilfe. Gönne ihnen das Stück Brod daß sie dir abverdienen. Du wirst reichlich erndten und für die geringe Abgabe des Taglohnes, welchen du ihnen darreichst, das Vergnügen haben, daß du einen Ueberfluß besizest, und dein Nebenmensch keinen Mangel leidet.

Taback, Kartoffeln, Welschkorn, Dickwurzeln u. d. gl. fodern aber wohl zubereitete Felder, besonders, wenn dergleichen Gewächse bald nach dem Versezen gehäckelt und kurz danach gehäufelt werden sollen. Wer nachlässig in der Vorbereitung dieser Felder war, dem wird es besonders da, wo etwas schwerer und rauher Boden ist, eine grose Mühe machen, sein Feld mit der Hacke in Ordnung zu bringen. Pflug und Ege sollen dabei das meiste gethan haben. Wer kann aber mit seinem gewöhnlichen Zugviehe gleich im Frühjahre alle seine unbesamte Felder in

solch-

solchen Stand und Bau bringen, da man mit den Brachfeldern den ganzen Sommer zu thun hat, daß man sie bis zur Herbstsat in einen guten Bau bringt? Diese Einwendung ist wichtig. Um darauf zu antworten, muß ich dich in deine Haushaltung führen und fragen, ob du nicht schon einmal vergessen hast, Oel auf den Salat zu gießen, den du angerühret hast? Nicht wahr, wenn schon Essig und Salz dazu gethan wird, so bleibt er alles Mengens und rührens ungeachtet immer rauh und spröd. So bald du aber Oel dazu gießest, wird er geschlacht und zart werden. Eben so ist es mit deinem Felde. Ackere, ege und walze, so viel du wilst es wird rauh es wird spröd bleiben, so lang du vergessen wirst, Oel zuzugießen, das ist, so lang du mit dem Dunge ausbleibst. Mein warum sind deine nahe am Orte gelegene Kraut- und Bohnenfelder niemals so rauh als deine Flurfelder? Man solte meinen, dieses wäre ein ganz anderer Boden. Nein bei diesen

bleibst

bleibſt du nicht ſo lang mit dem Schmalze aus als bei den Flurfeldern.

Was folget nun aus allem dem, was ich bis hieher geſaget habe? Es folget 1) daraus, daß man ſeine Felder auf dieſe oder jene Art alle Jahre benuzen könne; 2) daß das Brachen eine entbehrliche und deswegen eine ſchädliche Sache ſei; daß man aber 3) mit den Früchten eine vernünftige Wahl treffen und damit beſtändig abwechſeln müſſe. Hier möchte ich mich deutlicher ausdrücken, möchte ordentlich beſtimmen, wie man nach und nach bald dieſe bald jene Frucht mit Vortheil ziehen könne. Aber das iſt ſo leicht nicht, es kömt dabei gar viel auf jede Art des Bodens an. Ein Boden iſt geſchickter zu Waizen, der andere zu Spelz; weiter trägt der eine gute Kartoffeln, der andere ſchönes Welſchkorn u. ſ. w. Eben ſo hat eine Gemarkung eine bergige, die andere eine ebene Lage, die eine iſt abhängig gegen Mittag, die andere gegen Mitternacht, eine iſt kalt, die andere warm. Lauter Nebenumſtände, die die Sache auf eine andere Art lenken. 4) Folg

4) Folget aus dem vorbeschriebenen hauptsächlich, daß der Segen der Ernde durch hinlängliches Dungen vermehret werden könne. Warum stehen in diesem Dorfe des Schulzen, in einem andern des Wiedertäufers Früchte schöner im Felde als anderer Bürger ihre? Die Ursache ist, weil an einem Orte der Schulz an einem andern der Wiedertäufer so viele WagenDung auf einen Morgen Acker führt, als der andere kleine Kärche voll dahin bringt. Dafür müssen auch jene da einen grosen Erndwagen haben, um ihre Früchte nach Hause zu führen, wo andere die ihrige von einem eben so grosen Acker bequem auf einen Karch laden können.

Wenn nun das Glück der Ernde von dem Dunge abhängt; wenn die Erde nur alsdann die Früchte nähren kann, wann man ihr diese Nahrung erst mit dem Dunge darreicht: soll man denn nicht glauben, du werdest alle Mittel mit bereitwilligen Händen ergreifen, um deinen Dung zu vermehren? Ich zweifle nicht daran, und in dieser Zuversicht werde ich

ich einige der wichtigsten Fehler, die ich bei dir in diesem Stücke wahrgenommen habe, hier bemerken, und zugleich einige Mittel vorschlagen wie sie zu verbessern sind. Nur das muß ich noch anmerken, nicht alle Fehler werden in allen Gegenden begangen; lese sich daher jeder die heraus, die ihn treffen.

I Fehler.

Du treibst dein Rindvieh den ganzen Sommer auf die Waide, wodurch der Dung vertragen wird.

An der Viehzucht wilst du etwas gewinnen, du wilst mit dem Vieh deine Arbeit verrichten, du wilst Nahrung für dich davon ziehen, und wilst den Dung zur Nahrung deiner Felder davon erhalten. Um diesen vierfachen Nuzen zu leisten muß das Vieh selbst eine erkleckliche Nahrung haben. Um diese Nahrung zu finden treibst du es auf die Waide. Nichts wird dir leichter begreiflich sein, als daß auf diese Art der Dung vertragen, und im Walde oder auf den besondern

ern Waidpläzen zerstreuet und dadurch eine Absicht zernichtet wird. Eben so gut weist du aber auch, daß Vieh, welches beständig auf die Waide getrieben wird, und da der Hize, dem Regen und aller Witterung ausgesezet ist, verkrupt und klein bleibe. Und wem ist es unbekant, daß Kühe, die den ganzen Tag im Walde herum laufen, wo sie meistentheils schlechtes, mageres Futer, und das nicht genug finden, kaum halb so viel Milch geben als Kühe, die im Stalle ernähret werden. Man verliert daher durch die Waiden nicht nur den Dung, sondern der ganze Zweck, den man mit dem Viehe zu erreichen suchet, wird verfehlet. Um aber dasselbe im Stalle zu ernähren, wird mehr Futer erfodert, und darauf gründet sich der

II Fehler.

Die Vernachläsigung der Wiesen.

Kaum kann man begreifen, wie du es übers Herz bringen kanst, deine Wiesen größten=

gröstentheils in so einem schlechten Zustande zu sehen. Hört man dich von solchen sprechen, so rühmst du sie, besonders deswegen, weil man sie weder zu ackern noch zu besäen braucht, und nur ernden darf. Welche Lobsprüche verdienst du aber wegen eben diesen Wiesen? Die eine enthält nur schlechte Grasarten, wovon man ein unkräftiges Häu macht, die andere ist gröstentheils mit Mose überwachsen, die andere wird im Winter so gewässert, daß mit dem Gefrieren des Wassers die Wurzeln des Grases verfrieren, oder vom Eise zerschnitten werden; die andere verbrennet oder verdörret im Sommer wegen Mangel der Feuchtigkeit, die andere wird im Frühjahre und Herbste mit dem Viehe betrieben, und also bei feuchtem Wetter der Boden und die Wurzeln des Grases zertreten, die andere wird kaum in 20 Jahren einmal, die andere wird gar nicht gedünget. Das sind grose Wunden die aber meistens leicht zu heilen sind. Wachsen 1) auf deinen Wiesen zu schlechte Grasarten, so reise solche herum, dünge sie recht=

rechtschaffen, baue einige mal Frucht darin, säe hernach Kle und Samen von guten Gräsern hinein, und die Wiese wird besser werden. Ist 2) Mos in deinen Wiesen, so binde im Frühjahre bei feuchtem Wetter ein dickes Gebund Dorne zusammen, beschwere solche mit einer Ege und mit Steinen, spanne ein Par Ochsen oder ein Pferd davor, und schleife sie über die Wiese; das Mos wird auf diese Art meistens ausgerissen werden. Besäe diese Wiese gleich darauf mit Kle = und Häusamen, und überstreue sie zugleich mit roher oder ausgelaugter Asche, oder auch mit Salzasche oder Gips, wenn du diese Mittel haben kanst; und du wirst an Statt des Moses ein gutes Häu ernden. 3) Ist oft ein einziges Gräblein hinreichend, das Wasser im Winter von den Wiesen abzuhalten. Dieses Gräblein könte zugleich dienen, solches im Sommer bei trockenem Wetter auf die Wiese zu leiten. Es unterbleibt aber bei tausenden, und das aus Nachläsigkeit. Kanst du nicht alles Wasser im Winter ableiten, so führe noch

mehr

mehr darauf, überschwemme die Wiese ganz damit. Das Eis wird im Winter eine gute Decke sein, und verhindern, daß das Gras darunter nicht verfriere. Wer aber 4) seine Wiesen so wenig oder gar nicht dünget, weis der nicht, daß die Gräser auch Pflanzen sind, die zu ihrem Wachsthume Nahrung haben müssen? und wo sollen sie solche hernehmen, wenn man ihnen keine gibt? Wunderbar ist es, daß die Felder, wovon man die meiste Nahrung für sein Vieh holen will, beständig Hunger leiden sollen. Freilich führen ihnen Wind, Regen und Thau viele Nahrungstheile zu, die zwar, nebst dem abgefallenen und verfaulten Laube und Holze die einzige Nahrung für die Waldungen, aber für die Felder nicht erklecklich sind.

Ist es ohne Verbannung dieser Fehler ein Wunder, wenn auf einer Wiese, die jährlich 4 Wagen Häu bringen könte, kaum ein Wagen wächst? Ist die Ursache nicht begreiflich, wenn ein Bauer, der 10 bis 16 Kühe nebst verschiedenen Rindern im Stalle haben soll,

kaum

kaum einige Kühe darin hat? Ist es nicht ganz natürlich, wenn sich der Bauer beklagt, er müsse sein weniges Vieh aus Mangel des Futers auf die Waide treiben, indem er von seinen Wiesen kein grünes Gras fütern dörfe, damit er sich dadurch nicht das nothwendige Winterfuter entziehe? Und ist dieses nicht eine nothwendige Folge, daß der Bauer, der jährlich 8 bis 10 Morgen von seinen Aeckern düngen solte, kaum 2 bis 3 düngen kann?

Aber nicht an allen Orten sind die Wiesen so häufig, daß man einen Theil des Sommerfuters, und das Häu für den Winter, darauf ziehen könte. Daraus fließt der

III Fehler.

Die Vernachläsigung der Futerkräuter.

Dung ist den Feldern zur Fruchtbarkeit nothwendig. Der beste Dung ist der Auswurfe vom Vieh, daher ist auch das Vieh nothwendig; und daher ist die Nahrung für das Vieh eben so nothwendig. Zu dieses Nahrung

ung sind nun die Wiesen bestimt. Reichen sie aber nicht zu, so muß der Mangel des Futers auf eine andere Art ersezet werden. Zu diesem Ersaze bedienet man sich nebst vielem andern besonders des Klees, der Dickwurzeln und Kartoffeln. Kartoffeln solten zwar auch da, wo man Wiesen genug hat, in so groser Menge gebauet werden, daß die Menschen vom Ueberflusse, oder von denen, die sie nicht zu ihrer eigenen Nahrung bedörfen, das Vieh fütern könten. Eine der besten Füterungen, das Rindvieh zu mästen, sind rohe Kartoffeln, nachdem sie in Stücke zerschnitten sind; und Schweine, die im Stalle gemästet werden sollen, gedeien bei nichts besser als bei abgekochten Kartoffeln mit Frucht vermischt. Dickwurzeln verdienen deswegen ein besonderes Lob, weil ihre Blätter ein reickliches und gutes Sommerfuter abgeben, die Rüben oder Wurzeln sich aber im Winter lang frisch erhalten, und da als ein sehr erquickendes Futer zur Abwechslung mit dem dürren Futer dienen. Kein erkleckliches Mitt=

Mittel, den Abgang hinlänglicher Wiesen zu ersezen, ist, als der Kle. Sein seltener Miswachs, die gewöhnlich reiche Ernde desselben, die Güte desselben, so wohl wenn er grün gefütert als zu Häu gemacht wird, sind die Tugenden, die ihn über alle andere Futerkräuter erheben. Verflossenen Sommer fragte ich in hiesiger Gegend einen geschickten Landwirt, ob denn Klehäu ein nahrhaftes Futer sei. O, antwortete mir dieser, Klehäu ist in Vergleich mit dem Wiesenhäu eben das, was Wiesenhäu gegen Stroh ist. Zu bedauern ist es, daß man in vielen Gegenden der Pfalz kaum mit dem Klebau den Anfang gemacht hat, in andern nur so viel bauet, als man zu Sommerfuter brauchet. Zu wünschen wäre es, daß man es hierin dem Oberamte Bretten, Heidelberg, dem Unteramte Hilsbach und noch einigen mehr nachmachte. Nichts seltenes ist es, daß man da Bauern antrift die jährlich 20 bis 30 Wagen Klehäu machen. So lang aber die gute Behandlung der

der Wiesen und der Klebau nicht ganz in Flor kommen, so lang begeht man den

IV Fehler.

Man fütert im Winter zu viel Stroh.

So lang man das Strohfütern nicht unterläßt, hinkt die Wohlfahrt des Bauersmannes. * Stroh in den Stall gestreuet ist das bewährteste Mittel, den Dung ordentlich zu behandeln, und zu vermehren. Meinst du vielleicht, du köntest das Strohfütern dadurch wieder gut machen, wenn du im Herbste einen Vorrath an Laub aus den Wäldern nach Hause führtest, und damit deinem Viehe streuetest? Daburch fehlest du auf eine vielfache Art. Der Auswurf vom Viehe mit Laube vermischt gibt einen viel schlechtern

---

* Weiches Stroh, z. B. vom Haber und Gerste, zu fütern ist gar nicht übel; aber es muß nicht Aus Mangel geschehen, sondern zur Abwechslung dienen, und nur gegeben werden, wenn das Vieh bald satt ist. Alsdann ist es ein sehr guter Nachtisch, wie bei uns Obst ꝛc.

ern Dung als mit Stroh vermischt. Zu dem geht Eichenlaub gar zu langsam in die Fäulnis über, und unverfaultes Eichenlaub hat so viel Schärfigkeiten bei sich, daß es den Aeckern vielleicht mehr schadet als nuzet.

Dem jungen Viehe sieht man es an den Haren schon an, wenn es mit Stroh gefüttert wird; diese sind ganz gesträubt, das Vieh selbst aber ist elend und mager, und gedeiet nicht im Wachsen. Kühe geben bei diesem Futer wenigere und schlechtere Milch, und der Auswurf von dem Viehe, das mit Stroh gefütert wird, ist viel schlechter als anderer. Der Unterschied zwischen Maibutter und Strohbutter ist dir gewiß bekant. Aber weist du auch, daß der Unterschied zwischen Maidung und Strohdung eben so gros ist? Oft wundert man sich, daß in einem Dorfe einige Bauern nicht öfter ackern und düngen als andere, und dennoch geräth ihre Frucht besser. Was macht dieses? Die Ursache ist, jene Bauern fütern Winters mit Wiesen- und Klehäu, mit Dickwurzeln und Katoffeln, und streuen mit Stroh, wenn diese mit Häu und Stroh fütern und mit Laub streuen. Dafür essen auch jene ihr ohnedas schon besseres Gemüs mit Butter geschmelzt, und diese müssen aus Mangel der Butter mit Oel schmelzen.

Bis hieher habe ich die Fehler angemerkt, die bei Gewinnung des Dunges gemacht werden. Sie sind wichtig, aber die einzigen nicht. Hat man den Dung wirklich im Hofe gesammelt, so hängt es noch von der Behandlung desselben ab, ob er zur Fruchtbarkeit der Felder geschickt sein werde oder nicht. Ich bemerke daher den

V Fehler.
Bei Behandlung des Dunges in der Dungkaut

Wie wird der Dung in der Dungkaut behandelt? Ehe wir diese Frage beantworten, wollen wir erst bestimmen, daß die Dungkaut ein Ort im Hofe sei, der nicht weit vom Stalle entfernet ist, und eine etwas grose Ausdehnung hat. Hat es nun der Baumeister
be=

bequem gefunden, den Abzug des Urins aus dem Stalle in eben diese Dungkaut zu leiten, so hat er es gethan. Hat dieses aber nicht so leicht sein können, so hat er den Urin anders wohin geleitet. Eine ähnliche Bewandnis hat es mit der Mistpfüze oder dem Mistpfule. In einigen Höfen hat er seinen Abfluß, und in andern konte dieser Abfluß nicht bewerkstelliget werden. In diese Dungkaut werden die Ställe ein, zwei, oder mehrmale in der Woche ausgemistet. Gemeinlich überzieht man von Anfange die Dungkaut ganz, hernach fängt man an, den Dung eine Lage höher zu legen; und so erhöhet man sie immer mehr, bis die Zeit kömt, den Dung auf die Felder zu führen.

Das ist nun die ganz einfache, aber eben so fehlerhafte Art, den Dung im Hofe zu behandeln. Erstlich fehlest du, daß du deine Dungkaut ganz flach überziehest, und nur ganze Lagen weis nach und nach erhöhest. Hast du noch nicht wahr genommen, daß deine ganze Dungkaut oben trocken werde, ehe du sie

sie zum zweitenmal überziehest? Und was ist das trocken werden? Ein ganz bekantes Beispiel wird uns dieses begreiflich machen. Hast du schon daran gedacht, wo das Wasser oder die Nässe von einem frisch begossenen Tuche hinkomme, das auf der Bleiche liegt? Bei warmen Tagen muß es 12 bis 16 mal begossen werden, und eben so oft trocknet es auch. Nun frage ich, wo dieses Wasser hinkomme? Antwort, durch die Wirkung der Sonnenstralen wird solches erwärmet, es fängt an, sich zu bewegen, löset sich in ganz kleinen uns unsichtbaren Theilchen ab, und steigt in die Höhe. Auf diese Art ist oft die ganze Luft mit unsichtbaren Wassertheilchen angefüllet, die bei warmen Tagen in die Höhe steigen, und daher die Dürre des Bodens verursachen. Kanst du dieses Aufsteigen aus dem was gesagt ist, nicht begreifen, so stelle einen Hafen mit kaltem Wasser bei das Feuer. So bald das Wasser anfängt, warm zu werden, so fängt es auch an zu dämpfen. Und was ist dieser Dampf? Decke den Hafen mit einem Decke-

zu,

zu, so wirst du finden, wenn du denselben nach einiger Zeit wieder herunter nimst, daß er vom Dampfe ganz naß geworden ist. War nun in dem Hafen nichts als reines Wasser, so wird die Näsſe am Deckel auch Wasser sein. Wird aber ein anderer Körper einer Hize ausgesezet, so daß er dämpfet oder rauchet, so steigen nicht nur Wasser= sondern auch andere Theile in die Höhe. Um dieses zu begreifen, betrachte den Rus in deinem Schornsteine. Dieser ist ganz harzig und fett. Wovon entstehet der Rus? Antwort, vom Dampfe der Speisen und vom Holze, das durch das Feuer aufgelöset und verbrennet wird. Das Oel, und die andern flüssigen Theile, welche im Holze enthalten waren, steigen unter dem Namen des Rauches in die Höhe, und die Asche, in welcher die schweren Salztheile enthalten sind, bleibt liegen. Wilst du noch deutlicher begreifen, daß mit dem Dampfe die besten und geistigen Theile in die Höhe steigen, so betrachte den Branteweinkeſſel. Der Hut desselben sammelt die Dämpfe, diese vereinig=
en

en sich, und laufen zu der Röhre heraus. Nun weist du doch, daß der Brantewein der Geist desjenigen ist, woraus er gebrennet wird? Jezt denke ein wenig nach und überlege, was wohl in deiner Dungkaut vorgehe, wenn die Oberfläche derselben entweder zum Theile oder ganz trocken wird, und du wirst mir recht geben, wenn ich sage, daß sich die besten ölichten und sulzigen Theile derselben, wegen der inerlichen Wärme des Dunges, und der Wirkung der Sonnenstralen und Luft, ablösen, in die Höhe steigen, und verfliegen.

Wenn du dein Häu von den Wiesen nach Hause führest, so ist es noch kein gesundes Futer für dein Vieh. Es muß erst fest auf einander gelegt werden und verschwizen *. Deine Früchte müssen ebenfals auf dem Felde

---

* In der Schweiz und an verschiedenen andern Orten pfleget man beim Nachhauseführen des Häues, zwischen jede Lage Häu, Salz zu streuen. Während dem Schwizen löset sich das Salz auf und vereiniget sich mit dem Häu.

Da-

Felde oder in den Scheuern aufeinander ausschwizen, ehe sie mehlreich und zum Ausdreschen und malen geschickt werden. Der Most und das Bier im Fasse müssen erst darin vergähren, ehe ersterer zu Wein, und lezteres trankbar wird. So wie nebst diesen noch

---

Dadurch wird daßselbe ein gesunderes, schmackhafteres und gedeilicheres Futer für das Vieh. Ein geschickter Landwirt in Schwaben, den ich wohl kenne, hat hiemit einen Versuch gemacht. Er hat das Häu von einer Wiese zu Hause auf zwei Haufen sezen lassen, und zwischen den einen Salz gestreuet, den andern aber ungesalzt gelassen. Im Winter hat er beständig einige von seinen Kühen mit dem gesalzten, die andere mit dem ungesalzten Häu gefütert. Mit dem übrigen Futer hielt er alle gleich. Er versicherte mich, daß die Kühe, die er mit dem gesalzten Häu gefütert, habe, nicht nur besser an Leibe geblieben, sondern auch verhältnismäsig mehrere und schmackhaftere Milch gegeben hätten als die andern. Werden nuzbegierige Landwirte hierin nicht nachahmen?

noch viele andere Sachen in deiner Haushaltung erst verschwizen oder vergähren müssen, ehe sie ihre behörige Vollkommenheit erreichen, so muß es auch dein Dung in der Dungkaut, wenn er eine Nahrung für die wachsende Pflanzen werden soll. Vor der Gährung oder Fäulung sind noch zu viel Schärfigkeiten darin, die den Pflanzen schaden. Durch die Gährung wird alles aufgelöset, die öligten Theile vermischen sich besser mit den salzigen und die leztern verlieren dadurch ihre Schärfigkeit. Wilst du dich davon überzeugen, so begieße eine Pflanze mit frischem Urine vom Viehe. Diese Pflanze wird verdörren, so wie alles verbrennet und verdörret, wo der Urin aus dem Stalle hinfließt. Nun begieße auch eine andere Pflanze mit Mistpfule, und diese Pflanze wird gedeilich wachsen. Der Urin, der also frisch und ohne sich erst durch die Gährung mit andern Nahrungstheilen zu vermischen und zu vereinigen ein Gift für die Pflanzen war, wurde durch die Gährung und Fäulung zu einem nährenden und erquickend quickenden Mittel. Salz, Oel und Essig wohl unter einander gerühret ist eine Mischung, die den rohen Salat der damit angerühret wird, zu einer schmackhaften Speise macht. Wer würde aber einen Salat essen, der mit blosem Essig, oder Oel oder Salz vermischet wäre?

Nun breite deinen Dung dünn auseinander, und er wird sich nicht erhizen und nicht faulen, so lang er nur locker aufeinander liegt. Nebst dem, daß also bei dünn vertheiltem Dunge die meisten und besten Theile verfliegen, entsteht noch der zweite Schaden dadurch, daß er nicht vergähret.

Schier jede Art des Schwizens und des Gährens fodert ihre besondere Behandlung, wenn sie zum besten dessen ausfallen soll, das dem Verschwizen oder Vergähren ausgesezet ist. Frucht in der Scheuer, wenn sie feucht und grün nach Hause gebracht wird, erhält über dem Schwizen einen sichern Grad der Fäulnis, die sie stickigt macht. Häu, das feucht ist, erhizet sich so, daß man fürchten muß,

muß, es gerathe gar in Brand. Sauerkraut muß beschweret werden, daß es Brühe bekömt. Wein im Fasse muß aufgefüllet werden u. s. w. Dung soll vergähren und faulen; er darf um diesen Zweck zu erreichen nicht ganz trocken und nicht zu feucht sein. Ist er zu trocken, so verbrennet er, und der zu feuchte verrottet, und geräth in keine Fäulnis.

Wie soll demnach eine Dungkaut eingerichtet, und der Dung darin behandelt werden? Aus den angemerkten Fehlern, und dem daraus entstehenden Schaden, lassen sich die Regeln leicht herleiten. Vertiefe 1) deine Dungkaut um etwas, damit der Urin und die übrige Feuchtigkeit nicht ablaufe. 2) Mache sie auf einer Seite ein wenig abhängig, damit sich der Mistpful an einem Orte samle, oder mache sie auf allen Seiten nach der Mitte zu abhängig, daß der Mistpful in der Mitte zusammen laufe. Da wenigstens, wo sie am tiefsten ist, pflastere den Boden entweder mit Steinen, oder mache ihn durch ein anderes Mittel hart und fest, damit das versenken

en des Mistpfules dadurch verhindert werde.
3) Leite den Ablauf des Urins aus dem Stalle in die Dungkaut, weil der mit vielem Salze vermischte Urin sonst gänzlich verloren geht, ja gar noch schadet, wenn er irgendwo auf ein Wiesenstück oder anderes Feld fließet. Wenn nun 4) der Dung aus dem Stalle gemistet wird, so bringe solchen auf einen kleinen Platz in der Dungkaut, lege ihn so fest und eben auf einander als es sich thun läßt. Das nächste mal, als du ausmistest, seze den Dung nicht neben sondern auf den ersten Haufen, bis derselbe eine Höhe von 5 bis 6 Schuhen erhalten hat. Je eher der Haufen die bestimte Höhe erhält, desto besser ist es. Hat er diese Höhe, so decke ihn mit Grunde, oder mit einer Strohdecke, oder mit anderm Strohe, oder mit Brettern wohl zu. Durch dieses Zudecken werden die Sonnenstralen verhindert, ihre Wirkung an dem Dunge auszuüben. So angelegen dir aber dein Most im Fasse ist, wobei du während dem Gähren das Auffüllen nicht vergessen darfst, so besorgt must du

auch

auch für einen solchen Haufen Dung sein. Begieße ihn so oft mit Mistpfule als du glaubst, daß er zu wenig Feuchtigkeit habe. Hast du Wasche, so schütte alle Lauge und alles Seifenwasser auf denselben. Du begehest eine Sünde in deinen eigenen Beutel, wenn du, wie bei tausenden geschieht, Lauge und Seifenwasser auf die Strase schüttest, weil die besten Salze und Oele häufig darin enthalten sind. Könte ich glauben, daß einige ihren Vortheil so gut verstünden, und einen solchen Haufen Dung mit einer Strohdecke bedeckten, so müste ich diesen noch anrathen, diese Decke bei dem Begießen und Regnen abzuheben. Regnete es aber zu lang und zu viel, so könte man solche wieder darauf decken; wodurch dann das Regenwasser vom Strohe ablaufen und den Dung nicht abwaschen würde.

Ist nun ein Haufen Dung auf die bemerkte Art aufgesezet, so seze daneben wieder einen andern eben so auf, und behandele ihn auch eben so. Nur lasse zwischen zweien solcher Haufen einen kleinen Zwischenraum, damit die Luft einen Zugang in solche behalte. Ein geschickter Bauersmann wird mit diesen Haufen die Ordnung so zu treffen wissen, daß keiner weit von dem Mistpfule entfernet ist, und also jeder ohne Beschwernis begossen werden kann.

Was soll man aber mit dem Mistpfule anfangen, der sich immer vermehret und doch keinen Ablauf haben soll? Keine erquickendere Herzstärkung kanst du deinen Wiesen und Kleäckern geben als diesen Mistpful. Ein sehr leichtes Mittel, denselben auf den Wiesen und Feldern ordentlich zu vertheilen ist, daß man solchen in ein Faß fülle, und an den hintern Theil des Karchs, worauf das Faß liegt, ein Brett anhenke. Hat man nun das gefülte Faß dahin geführt, wo man es haben will, und schlägt nur hinten den Zapfen heraus, so wird der Mistpful mit Gewalt heraus und auf das Brett laufen. Von dem Falle auf das Brett, wird er so auseinander gesprizet werden, als würde er mit einer Gies=

inne

kanne aus einander gegossen. Man darf also den Karch während dem Herauslaufen nur langsam fortführen.

So gros die Fehler sind, die man mit dem Dunge in der Dungkaut begeht, so gros, wo nicht noch gröser, sind die Fehler, die man auch dann noch begeht, wann der Dung schon auf das Feld geführet ist. Ich bemerke daher den

VI Fehler.

Die üble Behandlung des Dunges auf dem Felde.

Nicht jeder Bauer führet seinen vorräthigen Dung jedesmal all aus. Da geschieht es nun gar zu oft, daß derjenige, der zu lezt aus dem Stalle gemistet worden ist, und deswegen oben ist, hinausgeführet wird, und der älteste in der Dungkaut übrig bleibt. Unvergohrner, unverfaulter und roher Dung wird also den Feldern zur Nahrung bestimt, und guter nahrhafter bleibt zu Hause liegen. Kaum brauche ich zu erinern, daß dieser ganzen Unordnung durch die abgesonderte

erte Haufen in der Dungkaut, die ich erst beschrieben habe, gar leicht vorgebogen werded könne. Nichts ist dabei leichter, als zu erkennen, welcher Haufen der älteste, und welcher der jüngste sei. Auf diese Art kann man so viele Haufen ausführen als man will, man kann die zeitigen wählen, und die übrigen leiden keinen Schaden.

Was geht aber noch mit dem Dunge auf dem Felde vor, ehe er in den Schos der Erde kömt? Hier wird er auf kleine Haufen geführt, und oft sieht man ganze Brachfluren mit dergleichen Haufen besezet. * Nachdem

solch=

---

* Es giebt Landwirte, die behaupten, der Dung, welcher eine Zeitlang auf dem Felde auf Haufen gesessen habe, sei fruchtbarer als solcher, den man gleich nach dem Ausführen ausbreitet und unterackert. Wenn sie solches von rohem unverfaultem Dunge verstehen, so haben sie recht. Denn da vergährt und verfault er auf dem Felde, welches in der Dungkaut hätte geschehen sollen. Eigentlich wäre es eins, ob der Dung im Hofe oder auf dem Felde vergährt.

Aber

solcher manchmal 8, manchmal gar 14 Tage, auch 3 Wochen so auf Haufen gesessen, so wird er aus einander gebreitet, und dann nach 4 oder 8, oft erst nach 14 andern Tagen untergeackert. Lieber Bauersmann, könte ich dir durch diese Schrift nur diesen Fehler begreiflich machen, könte ich dich nur hierin zu einer Abänderung bewegen, ich wolte mich meiner Arbeit von Herzen erfreuen, und wolte dir Glück wünschen. Betrachte, wenn dein Dung so auf den Haufen da liegt, so werden solche Haufen bei heitern Tagen beinahe ringsherum von der Sonne bescheinet, und die Luft durchstreichet sie von allen Seiten. Findest du nicht, daß diese Haufen, wenn du sie aus einander breitest, manchmal eine Hand hoch, manchmal noch mehr ringsher-

um

Aber auf dem Felde sind die Haufen gemeiniglich zu klein, sie werden so zu viel von der Luft und Sonne getroffen, sie können nicht hinlänglich bedecket, und bei Mangel der Feuchtigkeit nicht begossen werden. u. s. w.

um ausgetrocknet sind, und da nichts als bloses Stroh ist? Wo sind nun die Nahrungstheile hievon hingekommen? Meinest du, daß sie etwa in den Haufen gesunken, und also in dessen Mitte oder auf dem Boden befindlich wären? Du irrest. Die meisten davon sind von der Sonne und Luft abgelöset worden, und sind in der Luft verflogen. Aber wie viele Nahrungstheile gehen nicht erst alsdann noch verloren, wenn man den Dung nach dem ausbreiten 3 auch 4 und mehrere Tage frei liegen läßt? Wie wäre es, wenn du deinen Samen, nach dem du ihn gesäet hättest, noch 6 oder 8 Tage auf dem Felde frei liegen liesest, und nicht unteregtest? Würden ihn die Vögel des Himmels nicht gröstentheils aufzehren, und dadurch verursachen, daß du nur etwa eine halbe Ernde machtest? Das, was die Vögel an deinem Samen in diesem Falle thun würden, das thun Sonne und Luft wirklich an der Nahrung des Samens, wenn du solche

D nicht

nicht gleich nach dem Ausbreiten unter-
ackerst. *

Da

---

* Anmerkung. Eigentlich geht in der Natur
nichts verloren; folglich gehen auch die Nahrungstheile nicht verloren, die vom Dunge
so wohl in der Dungkaut als auf dem Felde
in die Höhe steigen. Sie fliegen in der Luft
herum, werden von der bewegten Luft oder
dem Winde hie und dort hin getrieben, und fall-
en nachdem mit dem Thaue oder Regen wieder
herunter. Auf diese Art fallen sie in einen Wald
oder auf eine Wiese, auf eine Haide, oder
auf des Nachbars Acker u. s. w. und dienen
solchen zur Nahrung. Hieraus können dir
viele Sachen begreiflich werden. Z. B. wo-
her beköt ein Wald seine Nahrung, der
doch nicht gedünget wird? Antwort; er bekömt solche theils vom abgefallenen Laube, und
abgefallenen Holze, das verfaulet und alsdann
dünget, meistentheils aber führen ihm Wind
Thau und Regen die Nahrung von andern
Orten zu. Warum ist ein Gewitterregen gemeinlich so fruchtbar? Antwort, Gewitterregen
entstehen gewöhnlich bei warmen Tagen, und

bei

Da Dung die Sele der Fruchtbarkeit ist, und man an solchem immer Mangel hat, so bedienet man sich an verschiedenen Orten noch anderer künstlichen Dungmittel. Die vorzüglichsten derselben sind Asche, Gips, Kalch und Mergel. So heilsam der Gebrauch dieser Mittel in vielen Fällen ist, eben so schädlich ist ihr Misbrauch. Wir wollen die Sache etwas näher betrachten, und ich bemerke daher den

VII Fehler.

Bei dem Gebrauche der künstlichen Dungmittel.

Fragt man den Hunsrück, seit wann er schöne Früchte ziehe, seit wann er ein gutes Brod geniese, so wird er antworten, seitdem er sich der ausgelaugten Asche zum Dunge bediene. Man fährt daselbst gar gerne 7 bis 8 Stunden Weges, um einen Karch voll Asche

---

bei warmen Tagen steigen die meisten Nahrungstheilchen in die Höhe, die der Regen alsdann wieder mit herunter nimt und den Pflanzen zu führet u. s. w.

Aſche aufzukaufen, und man gewinnet dabei, weil die Potaſche die Reisköſten erſezet. Den Vortheil, den der Hunsrück von der Aſche genieſet, den genieſen andere Gegenden vom Gips, Kalch oder Mergel. Solte man daher nicht auf den Gedanken kommen, daß in den Gegenden, wo dieſe Mittel gut gefunden werden, und zugleich zu haben ſind, der Stalldung beinahe entbehrlich ſei? Anſtatt hierauf zu antworten, woll wir eine Frage ſezen. Was wirken Aſche, Kalch, Gips und Mergel im Felde? Antwort, ſie ſelbſt ſind kein Dung, ſie ſelbſt geben den Pflanzen die Nahrung nicht. Sie enthalten viel Salz. Felder die ſchwer, zeh, naß und kalt ſind, haben mehr Salztheile nöthig. Die öligten Theile, die ſie häufiger enthalten oder durch Stalldung bekommen, löſen ſich durch den Regen nicht auf, ſie bleiben getrennet. Kömt aber ein ſolches Mittel dazu, ſo löſet ſich alles auf, und verwandelt ſich in ein ſeifenartiges Gemiſch, das dann geſchickt iſt, die Pflanzen zu nähren. Mit dieſen Mitteln

geht

geht auch im Boden etwas ähnliches vor, was mit einem Kalche beim löschen vorgeht; sie gerathen in eine Hize, dehnen sich aus, machen dadurch das Feld mürbe und erwärmen es. Ueber das haben sie die Eigenschaft, viele Nahrungstheile aus der Luft einzusaugen u. s. w.

Lerne hieraus, das diese Dungmittel in vielen Gegenden nothwendig sind. Bediene dich derselben, wo du sie haben kanst. Misbrauche sie aber nicht, vergiß nicht, daß man nebst solchen mit dem Stalldunge nicht ausbleiben dörfe. Geschieht das, so mergeln sie dein Feld aus, und das Sprichwort, das du vom Mergel weist, gilt alsdann von allen, nämlich, sie machen reiche Bätter, aber arme Kinder.

Das sind nun die wichtigsten Fehler, die ich bei dir bemerket habe. Diese sind es, die deinen Wohlstand, deine zeitliche Glückseligkeit so lang hemmen, und den meisten Theil des Schweises, den du über deiner Arbeit verschwizest, unbelohnt verfliegen lassen werden, en, bis du sie verbessern wirst. Baue mehr Futer, so kanst du mehr Vieh, und zwar im Stalle, erhalten; hast du mehr Vieh so erhälst du mehr Dung; behandle deinen Dung besser, so wird er fruchtbarer sein; kanst du deine Felder in dungbarem Stande erhalten, so brauchst du nicht mehr brach zu bauen; schafst du die Brache ab, so kanst du auf 20 Morgen so viele Früchte ziehen, als du jezt von 40 Morgen erndest.

Wirst du die angemerkten Fehler aber wirklich verbannen, so bald du sie erkennest? und werden nicht alte Gewohnheiten von dir unterstüzet werden, und die Oberhand behalten? Durchgängig beschuldiget man dich eines Eigensinnes, man schilt dich hartnäckig, von Vorurtheilen eingenommen, und überhaupt ungeneigt, einem Verbesserungsvorschlage Gehör zu geben. Ich gestehe dirs, ich denke anders von dir. Ich sehe daß du viele Sachen wirklich verbessert hast, daß du jezt verschiedene Gewächse pflanzest von denen du vor 30 Jahren nichts wustest; und daraus schliese ich,

ich, du werdest das verbesserte noch mehr verbessern, so bald du eine vernünftige Art einsiehst, und erkennen lernest, wie solches geschehen könne.

Doch einen Fehler habe ich an dir wahrgenommen, worüber ich dich tadeln muß. Du bist zu mistrauisch. Dein Mistrauen ist es, welches manche Unternehmung in dir ersticket, die du im ersten Augenblicke und beim ersten Ueberdenken gut gefunden hattest. Da heist es oft bei dir: ja das Ding kann wohl gut sein, aber warum soll ich es wagen, warum soll ich mich einer Gefahr aussezen, man weis doch nicht gewiß, wie die Sache ausschlagen wird; bleibe ich bei meiner alten Art, so weis ich, was ich zu gewarten habe u. s. w. Eben hierin ist die Ursache verborgen, warum es mehr bei dir wirket, warum es dich eher zur Nachahmung beweget, wenn man dir die Sachen vor thut, als wenn man dir solche vorsaget. Du gleichest hierin dem Apostel, der nicht geglaubt hat, bis er gesehen hatte. Ich sage dir aber, du würdest glücklicher sein, wenn du auch das glaubtest, was du noch nicht gesehen hast.

Auf dieses Mistrauen gründet sich auch die Verschiedenheit der Felderbehandlung und Benuzung in verschiedenen Provinzen. In einer Provinz zieht man reichlichen Nuzen vom Krapp-Hopfen-Seiden-Tabacks-Welschkorn- und Kartoffelbaue, in der andern kennet man diese Gewächse kaum dem Namen nach. In einer Provinz sieht man den Nuzen ein, der erhalten wird, wenn man eine schlechte Wiese einige Jahre als Acker benuzet, und nachgehends wieder zu einer Wiese zubereitet. Zugleich weis man aber auch, welchen Vorzug es bei dieser Verwandlung habe, wenn man den Wasen in einer solchen Wiese abschüffelt, an Statt daß man solchen sonst schlechtweg herumreiset. Das Schüffeln kostet aber zu viel Zeit und Geld, und es unterbleibt daher gemeinlich beides. In einer andern Provinz bedienet mon sich zu diesem em Abschüffeln eines besondern Pfluges, mit dem man in einem Tage mit zweien Pferden oder Ochsen einen ganzen Morgen Wiese abschüffeln oder abschelen kann. Solte man nun nicht in jedem Dorfe solch einen gemeinschaftlichen Schelpflug haben, so wie man gemeinlich eine oder etliche gemeinschaftliche Walzen hat? Wolte ich hier allen Unterschied der Feldfrüchte, der Art zu ackern, zu düngen, das Vieh zu behandeln, ja die verschiedenen Gestalten der Ackerwerkzeuge beschreiben, so müste ich mich weiter ausdehnen und weitläufiger werden, als ich mir vorgenommen habe. Ich weis aber, daß dir die meisten dieser Verschiedenheiten durch Erzählungen, oder auf sonst eine Art bekant geworden sind; aber dein Mistrauen gegen den wirklichen Nuzen, dann auch deine undeutliche Einsicht in die Verfahrungsart, halten dich von der Nachahmung ab.

Diesem wichtigen Fehler abzuhelfen, wäre das rathsamste Mittel, daß die Bauernsöhne, ehe sie heurathen und Güter übernehmen, erst einige Jahre reiseten, und dann in einem andern Oberamte, oder in einer andern Provinz als Knechte dieneten. Braucht aber der Bauer seinen erwachsenen Sohn nicht selbst, und ist er nicht froh, wenn er solchem seine Arbeiten übertragen kann? Das gebe ich zu. Kann sich aber der Bauer an Statt seines Sohnes nicht einen Knecht dingen, so wie der Handwerksmann seinen Sohn in die Fremde schicket, und sich einen Gesellen hält? – –.

Doch müste der, welcher in die Fremde gehen wolte, gewisse kurz gefaste Grundsäze vom Ackerbaue ordentlich lernen; er müste mit einem sichern Passe versehen werden, auch in der Provinz, in welcher er dienet, von der Landesherrschaft besonders geschüzet werden. Ein solcher gereisete Bauer müste hernach bei seiner Rückkunft besondere Vorzüge genießen u. s. w.

Mein warum soll jeder Handwerkspursch reisen, wenn er seine Lehrjahre vollendet hat? Wenn der Schuhmacher in seinen Lehrjahren

hat

hat lernen Schuhe, Stiefel und Pantoffeln machen, und reiset nachdem 4 oder 5 Jahre: kann er alsdann mehr als Schuhe, Stiefel und Pantoffeln machen? Ich will hier den Nuzen nicht bestimmen, den ein Handwerkspursch vom Reisen hat; ich will nur fragen, ob es dem Bauernsohne weniger nothwendig ist, und weniger ersprieslich sein könne, wenn er in seinen jungen Jahren reisete? Seine Wissenschaft ist gewiß ausgedehnter und wichtiger, als ein Handwerk einzeln genommen; und gewiß ist das ein gutes Mittel, wodurch die Vortheile verschiedener Provinzen zum Nuzen des Bauern und des States allgemein gemacht werden können *. Selbst der

Knecht

---

* Die Wiedertäufer, die es im Feldbauen sehr weit gebracht haben, sehen diesen Nuzen gar wohl ein. Man durchreise Unterschwaben, wo dieselben in den freiherrl. und ritterschaftlichen Ortschaften häufig wohnen, ob auch die reichsten ihre Söhne bei sich behalten. Nein, sie müssen anderswo als Knechte dienen, und

da

Knecht könte in der Provinz, in welcher er dienet, das gute und nüzliche einführen, was man in seiner Vatterstadt besser macht. Vielleicht würden wir auf diese Art Beispiele erleben, daß ein solcher Knecht seinem Herrn einen ähnlichen Segen brächte, als Jakob, der Sohn Isaks, seinem Vetter Laban gebracht hat. Wenn sich aber auf diese Art ein gering bemittelter Bauernsohn durch seine treuen Dienste und Verdienste einer Rachel würdig machte, ohne daß er zweimal sieben Jahre darum zu dienen bräuchte? Ei, dann wolten wir im sein Glück gönnen, und ihm zu rufen: du bist ein würdiger Knecht, geniese die Früchte deines Fleises in Wonne.

Wird es dir gefallen, lieber Landmann, wenn ich zum Beschlusse dieser Schrift eine Kunst beschreibe, die man vor Alters wuste, nachgehends aber verloren hatte? Was denkst
du

---

da fremde Vortheile, fremde Gegenden und fremde Bauarten kennen lernen. Sie kommen alsdann nach Hause, verheurathen sich, und geben die trefflichsten Landwirte.

du wohl, wenn du ein altes Gemäuer betrachtest, das schon Jahrhunderte steht, und noch dauerhafter ist, als eine nach jeziger Art neu aufgeführte Mauer? Untersuche diese Alterthümer, und du wirst finden, daß der Mörtel an solchen dem Steine an Härte gleich ist, und ohne grose Mühe nichts davon losgebröckelt werden kann. Das Geheimnis der Alten hat H. Loriot, ein gelehrter Künstler zu Paris, durch Nachforschen wieder gefunden. Es besteht darin:

Einen Speis, Mörtel oder Kitt zu machen, der über dem Mauern, oder bei andern Arbeiten, hart wie ein Stein wird, und durch kein Wasser oder eine andere Flüssigkeit aufgelöset werden kann.

Beschreibung dieses Mörtels.

1.) Man zerstose Ziegeln sehr klein, sippe hernach das Mehl durch, und davon nehme man einen beliebigen Theil.

2) Zu

2). Zu diesem Ziegelmehl nehme man noch einmal so viel durchgeworfenen, und durch Schleimen von aller Erde gereinigten Bach= Fluß= oder Grubensand.

3). Diese beiden Materien vermische man mit gelöschtem Kalche, so wie man einen ge= meinen Mörtel oder Speis zum Mauern ver= mischt. Nur schütte man etwas mehr Waff= er dazu, damit es ein wenig flüssiger werde, als der Mörtel gewöhnlich gemacht zu werd= en pfleget.

4). Unter vorgemeldten Mörtel mische man einen vierten Theil mehr frischgebrenten ungelöschten und zu Pulver gestosenen Kalch, als man Ziegelmehl und Sand genommen hat. Diesen rühre man unter die vorige Masse, so wird er sich löschen.

5). Sobald diese Vermischung geschehen ist, so verbrauche man solche, ehe der frische Kalch ganz gelöschet ist, denn nachdem solch= er gelöschet ist, hat auch die Masse ihre Härte.

Der ungelöschte Kalch ist das eigentliche verbindende Mittel hiebei. Der gute Erfolg
hängt

hängt aber auch davon ab, daß man weder zu wenig noch zu viel unter den voraus angamachten Mörtel mische.

Es ist schwer, genau zu bestimmen, wie viel ungelöschten Kalch man nehmen müsse. Diese Schwierigkeit rühret erstlich daher, weil der Kalch nicht an allen Orten von gleicher Güte ist. Je besser derselbe ist, desto weniger nimt man. Zweitens kömt es darauf an, ob der ungelöschte Kalch frisch gebrent ist oder nicht. Je länger solcher aus dem Ofen, und der Luft ausgesezet ist, desto mehr verliert er von seiner Kraft. Daraus folget, daß, wenn man den Theil desselben weis, der unter den Mörtel gemischet werden muß, solches nur für einige Tage gut ist. Wird er 6 oder 8 Tage älter, so muß man schon mehr nehmen. Drittens kann der Kalch mehr oder weniger ausgebrent sein. Ist er nicht genug gebrent, so muß man auch aus dieser Ursache etwas mehr nehmen als man von gutgebrentem Kalch bräuchte. Viertens kömt es auf die flüssigkeit des ersten Gemisches an.

Je

Je flüssiger es angemacht ist, desto mehr ungelöschten Kalch erfodert solches.

Wie erfährt man aber, ob man das rechte Mas ungelöschten Kalch genommen habe? Antwort: Nimt man zu viel, so erhizet sich die Masse zu stark, der Kalch löschet sich nicht all, aus Mangel hinlänglicher Feuchtigkeit, und die ganze Masse bleibt bröckeligt und mürb. Nimt man zu wenig, so verschlingt oder verjagt er nicht alle Feuchtigkeit, und die Masse wird nicht hart.

Durch Versuche im Kleinen kann man an jedem Orte in einer viertel Stunde finden, welche Verhältnis im Mischen die beste sei. Man mache nämlich den Mörtel aus Ziegelmehl, Sand, gelöschtem Kalche und Wasser auf vorbeschriebene Art an. Alsdann nehme man 3 Kellen voll davon, und mische 2 Kellen ungelöschten Kalch darunter. Hernach mische man unter 2 Kellen voll Mörtel 1 Kelle voll Kalch, nach diesem unter 1 Kelle voll Mörtel 1 Kelle voll Kalch, endlich unter 2 Kellen voll Mörtel 3 Kellen voll Kalch u. s. w.

u. s. w. In einer viertel Stunde lassen sich noch mehrerlei dergleichen Mischungen machen. Jede derselben streiche man ingendwo besonders auf, und nach 8 oder 10 Minuten untersuche man, welches Gemisch das härteste ist, und dieses wird das beste sein. Hat ein Arbeiter dieses einmal gefunden, so ist nichts leichter, als solches Verhältnis beizubehalten.

Niemals darf man aber viel auf einmal von dieser Masse anmachen, weil sie zu geschwind erhärtet, und nach dem Erhärten zum Gebrauche untauglich ist, und auch nicht ohne grose Mühe von dem Gefäse los gemacht werden kann, in welchem man dieselbe zubereitet hat. Eigentlich soll sie auch schon verbraucht sein, ehe sich der ungelöschte Kalch erhizet und löschet. Das rathsamste Mittel ist, daß ein Arbeiter an Statt des sonst mit Mörtel gefüllten Gefäses, das er gemeinlich bei sich hat, 3 Gefäse, oder ein Gefäs mit 3 Abtheilungen habe. In das erste schüttet man gewöhnlichen Mörtel, in das zweite thut man gestosenen ungelöschten Kalch, das dritte bleibt leer. Nun nimt man einige Kellen voll Mörtel in das leere Gefäs, dazu thut man so viel ungelöschten Kalch als nöthig ist, rührt beides untereinander und verarbeitet es. Ist dieses verarbeitet, so machet man wieder frisch an u. s. w.

In der Vorschrift ist gesagt, daß man einen Theil Ziegelmehl und zwei Theile Sand nehmen soll. Man muß aber daraus nicht schliesen, daß das Ziegelmehl ein nothwendiger Theil dabei sei. An Statt des Ziegelmehles kann man gestosene Steinkohlen, oder gestosene Schlacken von Eisenwerken, oder zermalmete Steine brauchen. Man kann aber auch alle diese Zusäze weglassen und nur Sand nehmen.

Da man diesen Mörtel zu sehr verschiedenen Arbeiten brauchen kann, so bestimmet die Arbeit, ob solcher schicklicher ist, wenn er aus groben oder zarten Theilen zusammen gesezet sei; demnach wählt man eine Mischung mit mehr oder weniger Sand. Man
wird

wird auch leicht begreifen, daß das Gemisch, wobei Ziegelmehl, oder Steinkohlen, oder Schlacken, oder Mehl von weisen Steinen ist, allemal eine andere Farbe bekomme, oder daß die Farbe auf diese Art nach Belieben verändert werden könne.

Eigentlich kann dieser Mörtel zu jedem Mauerwerke an Statt des gewöhnlichen Mörtels gebraucht werden, durch Beihilfe desselben würden wir eben so dauerhafte Mauern machen können, als wir heut zu Tage noch bewundern, die schon Jahrhunderte gestanden haben, und vielleicht noch Jahrhunderte stehen werden. Man würde jede Art Steine, auch Bachsteine dazu verwenden= oder auch ganze Mauern oder Gewölbe von blosem Mörtel aufführen können. Man könte spät im Herbste, und gleich im Frühjahre Mauern aufführen und das Austrocknen derselben würde, wegen dem geschwinden Erhärten, gar keine hindernis machen, die wir bei jeziger Art zu mauern in Betracht ziehen müssen.

Es ist aber nicht zu vermuthen, daß man sich dieses Mittels gleich so allgemein bedienen werde, weil den Handwerksleuten die Uebung fehlet, und diese Arbeit villeicht anfänglich zu viel Zeit und Umstände foderte. Ohne das bleiben aber noch sehr viele Fälle übrig, wo solcher mit gröstem Nuzen anzuwenden ist, und wo man bis hieher noch kein Mittel weis, das ihm in der Wirkung gleicht kömt.

1) Kann er bei allen Wassermauern, oder Wasserarbeiten, oder Arbeiten die dem Regen und allem Wetter ausgesezet sind, benuzet werden. Wasserbehälter brauchen nur einen oder etliche Zoll dick damit überzogen zu werden, und sie werden nie Wasser durchlassen. Hat man aber dergleichen Wasserbehälter schon mit gehauenen Steinen belegt, so kann derselbe an Statt eines Kittes zwischen die Fugen gestrichen werden, und er wird alle andere Kitte übertreffen.

2) Kann man Grundmauern, oder Kellermauern damit aufführen, auch den Boden eines Kellers einige Zoll dick damit überziehen,

wo=

wodurch das Einbringen des Wassers gehindert wird.

3) Können die Ziegeln auf den Giebeln der Dächer mit gröstem Vortheile damit eingespeiset werden.

4) Können Fruchtspeicher an Statt mit Borde bedeckt, damit überzogen werden, wodurch viele Flickereien ersparet, und die Mäuse abgehalten werden.

Es ist nicht nöthig, hier mehrere Fälle anzuführen, wo man sich desselben bedienen kann. Ein Handwerksmann kann aus dem angeführten schon den Schluß machen, in welchen Fällen er noch sonst anzuwenden ist.

Herr Loriot hat zu Paris und in dortiger Gegend so viele Versuche, und solche mit so gutem Erfolge gemacht, daß man die Sache nicht im geringsten bezweifeln darf. Wer aber einen wirklichen und sehr gut gerathenen Versuch in hiesiger Gegend zu sehen wünschet, der gehe nach Eichtersheim. Se. Excellenz der Herr Regierungspräsident Freiherr von Venningen, haben daselbst in einem neu angelegten Garten

einen

einen grosen Wasserbehälter bauen lassen. Man glaubte anfänglich, das Wasser durch einen dicken wohlgebauten Damm in Schranken zu halten, aber vergebens. Man belegte den Boden, nachdem man ihn mit einer anderthalb Schuh hohen Mauer versehen hatte, mit gehauenen Steinen, und bekleidete auch die Seitenhöhen damit, die Fugen überstrich man mit einem wohlzubereiteten Kitt. Dem ungeachtet drang das Wasser durch, und war den darum stehenden Bäumen und dem Gartenfelde sehr nachtheilig. Endlich machte man auf Begehren Sr. Excellenz des Herrn Präsidenten einen Versuch mit diesem Mörtel, und überstrich die Fugen der Steine einen Zoll dick damit. Ich wäre gar gern selbst bei der Arbeit gewesen, allein die Zeit lies es nicht zu. Ich schickte daher vorstehende Anweisung dahin, und bath den dortigen Verwalter, Herrn Nau, der ein Kenner des Bauwesens ist, daß er der Arbeit beiwohne, und sorge, daß nichts dabei verfehlet werde. Zugleich bath ich denselben, verschiedene Punkte, die ich auffsezte, zu be‐
merk‐

merken, und mir darüber Nachricht zu ertheilen, Er schrieb mir hierauf. 1) Der Mörtel sei in Zeit von 6 oder 8 Minuten so hart geworden, und habe sich so genau mit den Steinen verbunden, daß man Mühe gehabt hätte solchen mit den härtesten und schärfsten Werkzeugen los zu bringen. 2) Indem das Basin mit Wasser gefüllet gewesen, habe der Mörtel nicht nur seine vorige Härte behalten, er sei so gar noch härter geworden als vorher. 3) Habe er es sehr gut gefunden, den aufgetragenen Mörtel gleich mit Wasser überstreichen zu lassen, wodurch er sich desto besser mit den Steinen verbunden und gar keine Risse bekommen hätte *. Der Schluß seines Briefes war: „Ich bin keinen Buchstaben von der
„ Vorschrift abgewichen, und sie hat mich
„ überzeuget, daß sie gut abgefasset ist. Se.
„ Er=

---

* Man hatte vermuthlich zu viel ungelöschten Kalch unter das Gemisch genommen. Dieser konte sich nicht all löschen. Es war also nothwendig, die Arbeit mit Wasser zu überstreichen.

„ Excellenz den Herrn Präsidenten hat sie
„ aber nebst einem besondern Vergnügen geg=
„ en zeitherige unbemeßliche Geldaufwände
„ vollkommen entschädiget. Ich wünschte
„ aus einem patriotischen Herzen, daß diese
„ Verkittungsart allgemein bekant wäre, da=
„ durch mancher ehrliche Mann vor un=
„ nöthigen Kösten gesichert bliebe, u. s. w.

Nachdem dieser Wasserbehälter 5 Mon=
ate mit Wasser gefüllet war, hat man
solches wieder abgelassen und die Verkitt=
ung aufs neue untersuchet. Man fand nirg=
ends weder den mindesten Riz, noch sonst
eine Oeffnung, hingegen aber den Kitt über=
all so hart als Stein.